BEI GRIN MACHT SICH IHR WISSEN BEZAHLT

- Wir veröffentlichen Ihre Hausarbeit,
  Bachelor- und Masterarbeit

- Ihr eigenes eBook und Buch -
  weltweit in allen wichtigen Shops

- Verdienen Sie an jedem Verkauf

Jetzt bei www.GRIN.com hochladen und kostenlos publizieren

Werbung in Podcasts. Wirkung verschiedener Formate werblicher Mitteilungen auf Podcast-Rezipierende

GRIN ☺

Bibliografische Information der Deutschen Nationalbibliothek:

Die Deutsche Nationalbibliothek verzeichnet diese Publikation in der Deutschen Nationalbibliografie; detaillierte bibliografische Daten sind im Internet über http://dnb.d-nb.de abrufbar.

ISBN: 9783346865151
Dieses Buch ist auch als E-Book erhältlich.

© GRIN Publishing GmbH
Trappentreustraße 1
80339 München

Druck und Bindung: Books on Demand GmbH, Norderstedt Germany
Gedruckt auf säurefreiem Papier aus verantwortungsvollen Quellen

Das vorliegende Werk wurde sorgfältig erarbeitet. Dennoch übernehmen Autoren und Verlag für die Richtigkeit von Angaben, Hinweisen, Links und Ratschlägen sowie eventuelle Druckfehler keine Haftung.

Das Buch bei GRIN: https://www.grin.com/document/1355265

Institut für Kommunikationswissenschaft
Westfälische Wilhelms-Universität Münster

Sommersemester 2022
Examensmodul

Zur Wirksamkeit von Werbung in Podcasts – Wie verschiedene Formate werblicher Mitteilungen auf Podcast-Rezipierende wirken

The impact of advertising in podcasts – how different ad formats affect recipients of podcasts

Münster, den 25.05.2022

Inhaltsverzeichnis

1. Einleitung

Forschungsgegenstand der vorliegenden Bachelorarbeit ist die Untersuchung der Wirksamkeit des sogenannten Podcast Advertising, der Werbung in Podcasts. Zunächst wird herausgearbeitet, inwiefern sich das Medium Audio-Podcast von traditionellen auditiven Medien unterscheidet, welche redaktionellen Attribute Podcasts als Teil der öffentlichen Kommunikation aufweisen sowie welche ökonomischen und kommunikativen Leistungen Podcast-Sprecher*innen in Podcasts erbringen. Davon ausgehend wird sodann untersucht, wie die verschiedenen Formate werblicher Mitteilungen auf Podcast-Rezipierende wirken und welche Besonderheiten diese aufweisen.

Die Relevanz für die kommunikationswissenschaftliche Forschung lässt sich darin begründen, dass Podcasts zunehmend stärker nachgefragt werden, vorwiegend von einer jungen Zielgruppe (Newman et al., 2020, 25). Podcasts werden außerdem zunehmend kommerzialisiert und haben eine hohe ökonomische Verwertbarkeit. Diese kann sich unter anderem mit der hohen Aufmerksamkeit der Podcast-Hörer*innenschaft (Zeschke I, 2021) sowie derer hohen Werbeakzeptanz begründen (AS&S Radio, 2018, 18). Die Werbewirksamkeit von Podcast Advertising wurde bisher in geringem Maße erforscht und die Literatur ist vor allem im deutschsprachigen Raum limitiert. Grund dafür ist unter anderem, dass werbetreibenden Unternehmen keine einheitlichen und aktuellen Reichweiteninformationen zur Verfügung stehen (Domenichini, 2018, 583). Dies erschwert die Messung der Effektivität von Werbemitteilungen in Podcasts.

Der derzeitige Forschungsstand lässt sich unter anderem darin begründen, dass sich das Audioformat zunächst ab Mitte der 2000er Jahre etabliert, jedoch nicht behauptet hat. Der Fokus in Studien zu diesem Zeitpunkt lag vorwiegend auf der Erforschung von geeigneten Platzierungen der Werbemitteilungen in Podcasts (Haygood, 2007, 518). Im letzten Jahrzehnt hat das Audioformat eine zweite Welle erlebt (Berry, 2015, 170) und es lassen sich einzelne Studien finden, in denen die Werbewirksamkeit von Podcast Advertising erforscht worden ist.

Die zentrale Fragestellung der Bachelorarbeit wird durch ein narratives Literaturreview sowie durch Sekundäranalysen überprüft und soll Aufschluss darüber geben, wie werbliche Mitteilungen auf Podcast-Rezipierende wirken und wie sich werblichen Mitteilungen von solchen in klassischen auditiven Medien unterscheiden. Außerdem wird herausgearbeitet, welche ökonomische Verwertbarkeit Podcast Advertising darstellt und welche Vorteile sich werbetreibenden Unternehmen bieten, wenn sie Podcast Advertising betreiben.

2. Das Medium Podcast

Podcasts sind Audioformate, die meist über Musikstreaming-Plattformen abrufbar sind. Zu den bekanntesten Plattformen zählen unter anderem *Apple*, *Spotify* und *YouTube* (Glover, 2021). Diese Plattformen stellen Podcasts kostenlos und dauerhaft zur Verfügung, allerdings kann für eine werbefreie Nutzung von der Plattform *Spotify* ein sogenanntes „Premiumabo" abgeschlossen werden (Puffer & Schröter, 2018, 371). Über eine Suchmaschine auf der jeweiligen Plattform können Nutzer*innen nach einem Titel oder Schlagwort suchen (Puffer & Schröter, 2018, 368). Neben der Suchfunktion bieten Podcast-Plattformen wie *Spotify* ebenfalls die Möglichkeit, Sendungen und Podcasts zu abonnieren, eigene Playlists zu erstellen sowie einzelne Folgen herunterzuladen (Puffer & Schröter, 2018, 371). Podcast-Nutzer*innen haben die Möglichkeit zwischen verschiedenen Podcast-Angeboten mit einer Vielzahl von thematischen Schwerpunkten zu wählen (Berry, 2006, 156). Somit können Podcast-Nutzer*innen das Audiomedium personalisiert nutzen. „This makes Podcasting 'personalized media (...)." (Berry, 2006, 156).

Im weltweiten Vergleich gewinnen Podcasts immer mehr an Bedeutung. Die monatliche Podcast-Nutzung ist von 29 Prozent im Jahr 2019, auf 31 Prozent im Jahr 2021 gestiegen (Newman et al., 2021, 81). Auch in Deutschland schneiden Podcasts in der digitalen Audionutzung mit immer größer werdender Resonanz ab (Reichow & Schröter, 2020, 503) und weisen eine monatliche Podcast-Nutzung von 25 Prozent auf (Höllig & Hasebrink, 2021, 81). Besonders die Altersgruppe der 14- bis 29-Jährigen sticht bei der Podcast-Nutzung hervor (Reichow & Schröter, 2020, 504). Ein ähnliches Ergebnis geht aus der Studie „Audio II" hervor (Agma Presse Info, 2020). Auch im internationalen Vergleich stellt sich heraus, dass die Podcast- Hörer*innenschaft von einer jüngeren Altersgruppe dominiert wird. In Großbritannien liegt der Altersdurchschnitt von Podcast-Hörer*innen bei unter 35 Jahren, während der Altersdurchschnitt von Nutzer*innen klassische Audiomedien bei 50 Jahren liegt (Newman et al., 2020, 25). Die Podcast-Nutzung gewinnt demnach an Relevanz und die Podcast-Nutzer*innen lassen sich als eine junge Zielgruppe definieren.

Neben Audio-Podcasts existieren unter anderem ebenfalls Video-Podcasts, jedoch wird sich in der vorliegenden Bachelorarbeit bei der Verwendung des Begriffs Podcast primär auf den Begriff Audio-Podcast bezogen, da Audio-Podcasts am stärksten nachgefragt werden und die Podcast-Plattformen dominieren (Markman & Sawyer, 2014, 30). Die folgenden Unterkapitel sollen Aufschluss über den technischen Zugang, die Struktur, einzelne Formate sowie über die Verortung von Podcasts in der öffentlichen Kommunikation geben. Außerdem werden sowohl Nutzer*innen als auch Anbieter*innen von Podcasts charakterisiert und die Angebotsstruktur des Podcast-Marktes erläutert. Um eine spätere Analyse der Wirkung werblicher Mitteilungen auf Podcast-Hörer*innen zu ermöglichen, werden zusätzlich die jeweiligen Werbeformen, die in Podcast Advertising verwendet werden, voneinander differenziert und erläutert, welchen rechtlichen Rahmenbedienungen diese unterliegen.

2.1 Technischer Zugang, Struktur, Formate & Angebote von Podcasts

Der Begriff „Podcast" fand erstmalig im Jahr 2004 Anwendung und ist eine Wortneuschöpfung, bestehend aus der *Apple*-Marke „iPod" und dem englischen Begriff „broadcast" (Wrather, 2016, 44). Diese Verknüpfung zweier Begriffe betont die hybride Charakterisierung des Mediums und die Verwandtschaft zur journalistischen Form des Blogs. Die Verwandtschaft zur *Apple*-Marke „iPod" betont ebenfalls die flexible Nutzungsmöglichkeit des Mediums, da iPods tragbare Musikplayer sind. Podcast-Produzent*innen sehen sich neben ihrer Rolle als „Podcaster*innen" ebenfalls als „Blogger*innen" (Markman & Sawyer, 2014, 30), wodurch die journalistischen Attribute des Formats ebenfalls hervorgehoben werden. Besonderheit des Audioformats ist die Flexibilität der Nutzung, da Podcasts räumlich und zeitlich unabhängig abrufbar sind (Llinares, 2018, 133). Die Länge sowie der inhaltliche Schwerpunkt des Audioformats sind variabel (Löser & Peters, 2007, 139).

Eine hohe Technikaffinität für die Produktion und Rezeption von Podcasts ist nicht mehr notwendig (Puffer & Schröter, 2018, 367), wodurch sowohl Amateur*innen als auch professionellen Audioproduzent*innen die Produktion des Audioformats möglich ist. Dies führt zu einer Vielzahl von Podcast-Anbieter*innen (Markman &

Sawyer, 2014, 21). Podcasts werden von privaten sowie öffentlich-rechtlichen Radio-
sendern, Nachrichtendiensten, Streamingdiensten, Verlagshäusern, Privatpersonen
oder Personen des öffentlichen Lebens angeboten (Puffer & Schröter, 2018, 366).
Die Angebotsstruktur von Podcasts setzt sich vor allem aus informativen und
sachlichen Formaten zusammen (Newman et al., 2020, 25). Die deutsche Podcast-
Landschaft bestand 2018 aus ungefähr 800 privaten Podcasts mit 17.500 verschiedenen Formaten (Puffer & Schröter, 2018, 369). Beliebte Formate sind zielgruppenüber-
greifend vor allem die Themen Information und Wissen, wie etwa Nachrichten, Sport,
Politik, Lifestyle (Newman et al., 2020, 25), aber auch Unterhaltung, wie Comedy oder
Krimis (Reichow & Schröter, 2020, 501). Dies geht ebenfalls aus dem Media Activity
Guide aus dem Jahr 2020 hervor, bei dem 14- bis 69-Jährige in Deutschland befragt
worden sind (Adler et al., 46).

Nach dieser technischen und strukturellen Einordnung wird das Audioformat
im folgenden Kapitel in der öffentlichen Kommunikation verortet und sowohl Gemeinsamkeiten als auch Unterschiede zu klassischen Medien herausgearbeitet.

2.2 Verortung des Audiomediums Podcasts in der öffentlichen Kommunikation

Podcasts lassen sich von visuellen Medien, wie dem Fernsehen, abgrenzen, jedoch
korreliert die Struktur des Audioformats mit der des Radios, da die Produktion von
Medieninhalten ähnlich erfolgt (Llinares, 2018, 125). Podcasts können genauso wie
das Radio entweder neben einer Haupttätigkeit oder exklusiv genutzt werden (Martens
& Breßler, 2006, 550). Diese Funktion des „Nebenbeimediums" ist zuvor überwiegend
dem Radio vorenthalten gewesen. Trotz der augenscheinlichen Verwandtschaft zum
klassischen Medium Radio, unterscheiden sich Podcasts vom Medium Radio in dem
Sinne, dass Podcasts über kein Rundfunksignal ausgestrahlt werden und die Verbreitung von Podcasts ausschließlich auf digitalen Plattformen erfolgt (Llinares, 2018,
125).

Podcasts unterscheiden sich von dem klassischen auditiven Medium Radio da-
hingehend, dass Podcasts eine Feedback-Möglichkeit besitzen und somit die Mitge-
staltung und Partizipation der Podcast-Hörer*innen ermöglichen (García, 2020, 58).
Durch diese Funktion lassen sich Podcasts als internetbasiertes Audiomedium zwischen der Individual- und der Massenkommunikation einordnen (Rampf, 2008, 19),

da Podcasts mehrere Formen der Kommunikation zulassen, wie zum Beispiel eine interaktive Chat-Möglichkeiten mit der Kommentar-Funktion. Podcasts sind somit Teil der öffentlichen Kommunikation.

Die digitalen Plattformen, auf denen Podcasts veröffentlicht und verbreitet werden, fungieren dabei als Medien der ersten Ordnung, da sie einen technisch basierten Kommunikationskanal darstellen und somit die Infrastruktur für die Veröffentlichung und Verbreitung von Podcasts schaffen (Altmeppen et al., 2016, 606). Medien erster Ordnung eröffnen technische Möglichkeiten der Vermittlung (Altmeppen et al., 2016, 606). Der Inhalt von Podcasts weist neben journalistischen Attributen ein soziales Potenzial auf und gehört somit zu den Medien der zweiten Ordnung (Altmeppen et al., 2016, 606). Podcast-Sprecher*innen präsentieren den Inhalt der Podcasts mithilfe von technischen Mitteln. Podcasts als Medieninhalte benötigen demnach digitale Plattformen als Informationsträger um die inhaltlichen Botschaften zu verbreiten.

Des Weiteren können Podcasts als gleichzeitiges *Push- und Pull-Medium* eingeordnet werden (Berry, 2006, 156). Podcast-Hörer*innen können frei über das von ihnen bevorzugte Thema entscheiden und suchen aktiv nach einem Podcast, im Kontext eines *Pull-Mediums*, jedoch erfüllen Podcasts ebenfalls „lazy benefits" (Berry, 2006, 156) als *Push-Medium*, sobald Podcast-Nutzer*innen einen Podcast abonniert haben und weitere Episoden automatisch zugespielt bekommen.

Nach dieser erläuterten Abgrenzung zu klassischen Medien und der Verortung in der öffentlichen Kommunikation, werden im folgenden Unterkapitel sowohl die Podcast-Hörer*innen als auch ihr Nutzungsverhalten analysiert.

2.3 Das Nutzungsverhalten von Podcast-Hörer*innen

Nachdem im vorangegangen Unterkapitel die Altersstruktur der Podcast-Hörer*innen beschrieben worden ist, liegt der Fokus in diesem Kapitel auf der Charakterisierung der Podcast-Hörer*innen. Grundsätzlich lassen sich Podcast-Hörer*innen in sogenannte *heavy* und *light user* unterteilen, die sich je nach Nutzungsintensität voneinander unterscheiden (Martens & Amann, 2007, 538). *Heavy user* sind Podcast-Abonnent*innen und zeichnen sich durch eine hohe, wöchentlich regelmäßige Nutzungszeit aus, während *light user* Podcasts seltener, meist mehrmals im Monat rezipieren (Rampf, 2008, 100-152).

Heavy user lassen sich unter anderem durch einen hohen Bildungsstand, Loyalität, Technikaffinität sowie durch eine hohe Mediennutzung charakterisieren. Außerdem verfügen sie über ein hohes Einkommen (AS&S Radio, 2018, 10). Die Hörer*innenschaft ist demnach sehr kaufkräftig und für werbetreibende Unternehmen von hohem Interesse.

Die meistgenannten Gründe für eine Podcast-Nutzung sind laut einer bevölkerungsrepräsentativen YouGov Studie der Wunsch nach Unterhaltung, Information, Weiterbildung, Wissen, Entspannung, Inspiration, Ablenkung, oder Gesprächsinspiration zu gewinnen (Inhoffen, 2019, 13). Eine US-amerikanische Studie belegt außerdem, dass über die Hälfte der befragten Podcast-Nutzer*innen auf das auditive Medium zurückgreifen, um ein tieferes Verständnis für komplexe Sachverhalte und neue Perspektiven über ein Thema zu gewinnen. Durch Podcasts können sie diese Nutzungsmotivation eher befriedigen als durch klassische Medien (Newman et al., 2020, 25). Neben diesem Nutzungsmotiv greifen Podcast-Hörer*innen ebenfalls auf Podcasts anstelle von klassischen Medien zurück, wenn sie etwas Neues lernen möchten. Dies geht aus einer Studie der Nielsen Company hervor (2017, 3).

Podcast Advertising betrifft vor allem private Podcast-Anbieter*innen, die als individuelle Medienakteure auftreten und sich selbst mit ihrem Podcast vermarkten. Um Podcasts weiterhin kostenfrei zur Verfügung stellen zu können, werden Werbemitteilungen in den Podcast eingebettet. In welchen Formen diese Werbemitteilungen auftreten und welchen Regulierungen sie unterliegen, wird im nachstehenden Kapitel genauer behandelt

2.4 Formate und Regulierungen werblicher Mitteilungen in Podcasts

Während in den USA die Finanzierungsmethode des *Crowdfundings,* also Spenden von Privatpersonen, gängig ist, verwenden Podcast-Anbieter*innen aus Deutschland werbliche Mitteilungen in Podcasts, um diese zu finanzieren (Puffer & Schröter, 2018, 373). Podcasts sind als Medien der öffentlichen Kommunikation demnach gleichzeitig Kultur- und Wirtschaftsgüter, wodurch sich hier der Doppelcharakter der Medien aufzeichnet, mit ökonomischen Gewinn- und publizistischen Leistungserwartungen (Rimscha & Siegert, 2015, 23).

Werbebotschaften können in Podcasts vielfältig platziert und kombiniert werden. Grundsätzlich wird hierbei in drei gängige Formate werblicher Mitteilungen unterschieden: *Audiospots, Sponsorings* und *Host Reads*, die nachstehend erläutert werden (Domenichini, 2018, 583, Sohr, 2022). Vielen Studien beziehen sich auf *Native Advertising*, anstelle von *Host Reads*. *Native Advertising* beschreibt die Darstellung von vermeintlich redaktionellen Inhalten als werbliche Inhalte, um diese als redaktionelle Inhalte zu verkaufen (Hyman et al., 2016, 3). *Native Advertising* im Kontext von Podcast Advertising bezieht sich dabei auf Werbebotschaften, die von Podcast-Sprecher*innen nativ vorgetragen werden. Dies trifft jedoch auch auf *Sponsorings* zu und wird nachstehend erläutert. Aus diesem Grund wird in der vorliegenden Arbeit zwischen *Audiospots, Sponsorings* und *Host Reads* unterschieden, da *Native Advertising* keine alleinstehende Werbeform darstellt.

Regulierungen für Podcasts lassen sich aus einem Leitfaden der Medienanstalten zur Werbekennzeichnung bei Online-Medien ableiten, der auf den rechtlichen Grundlagen des Medienstaatsvertrags (MStV) und des Telemediengesetzes (TMG) basiert (die medienanstalten, 2021). Die rechtlichen Rahmenbedienungen werden in der vorliegenden Arbeit hauptsächlich auf die drei genannten Werbeformen bezogen, weswegen weitere rechtliche Rahmenbedienungen bezüglich Produktplatzierungen, der Bewerbung von unternehmenseigenen Produkten der Podcast-Sprecher*innen, sowie „Branded Podcasts", die ganzheitlich durch ein Unternehmen finanziell unterstützt sind, ausgelassen werden.

Audiospots verfügen meist über eine Länge von 20 bis 30 Sekunden, die entweder zu Beginn oder am Ende der Podcast-Folge platziert werden. Diese Werbeform wird nicht von den Podcast-Sprecher*innen, sondern von einer dritten Partei, zum Beispiel von dem Werbetreibenden Unternehmen selbst eingesprochen und ist sachlich aufgebaut (Seven.One Media, 2021, 15). *Audiospots* können mit einem Jingle, einer „Vertonung eines Slogans" (Schramm & Spangardt, 2016, 435), im Podcast verwendet werden und müssen als Werbung in Podcasts gekennzeichnet werden (die medienanstalten, 2021).

Sponsorings bestehen aus der Nennung des werbetreibenden Unternehmens als Sponsor der Podcast-Folge, entweder zu Beginn oder am Ende der Episode (Zeschke I, 2021), jedoch darf bei dieser Erwähnung nur ein imagefördernder Slogan eingebaut werden (die medienanstalten, 2021). Als ideale Platzierung von *Sponsorings* hat sich jeweils der Beginn oder das Ende einer Podcast-Folge etabliert (Haygood, 2007, 520). Ein Beispiel für ein *Sponsoring* wäre „Dieser Podcast wird gesponsort von (…)" oder „dieser Podcast wurde präsentiert von (…)" (Haygood, 2007, 521). Der native Charakter des *Sponsorings* zeigt sich in der narrativen Darstellung der Werbebotschaft, da Podcast-Sprecher*innen das Sponsoring selbst einsprechen (Zeschke I, 2021). *Sponsorings* können außerdem durch eine persönliche Empfehlung durch die Podcast-Sprecher*innen oder durch Hinweis auf einen Rabattcode ergänzt werden (Seven.One Media, 2021, 15). Sobald werbliche Mitteilungen narrativ angekündigt werden, muss der Begriff „Werbung" oder ein ähnliches Wort mit dem gleichen Wortstamm vorkommen. Zudem ist ein Hinweis auf das Ende der Werbebotschaft empfehlenswert. Dies gilt ebenfalls für Rabattcodes und Produktempfehlungen (die medienanstalten, 2021).

Die dritte Werbeform, die sogenannten *Host Reads,* werden, wie bereits geschildert, narrativ eingeleitet und basieren, genauso wie *Sponsorings* auf *Native Advertising* (Sohr, 2022). Diese Werbeform eignet sich vor allem für Produkte, die eine längere Erklärung benötigen (Domenichini, 2018, 586). Dabei wird in persönliche und informative *Host Reads* unterschieden. Bei dieser Werbeform muss eine klare Trennung von werblichen und redaktionellen Inhalten vorgesehen werden, um eine Verschleierung von redaktionellem und kommerziellen Inhalt zu verhindern (die medienanstalten, 2021). Diese Trennung muss leicht zu unterscheiden sein, sodass „(…) sich einem nicht übermäßig konzentrierten Nutzer ohne besonderen kognitiven Aufwand unmittelbar erschließt, dass gerade Werbung läuft" (die medienanstalten, 2021).

Im folgenden Abschnitt wird nun genauer analysiert, wie auditive werbliche Mitteilungen im Allgemeinen auf Rezipierende wirken, um anschließend darauf zu schließen, welche kommunikativen Leistungen Podcast-Sprecher*innen erbringen und mit welchen ökonomischen Erfolgsfaktoren die Werbewirksamkeit von Podcast Advertising gemessen werden kann.

3. Podcast Advertising aus der Perspektive der Werbewirkungsforschung

Im Kontext von werblichen Mitteilungen ist das Ziel von Medienwirkung die Verhaltenswirkung, die auf eine Einstellungsänderung abzielt, um die Rezipierenden in potenzielle Käufer*innen zu verwandeln (Kloss, 2007, 52). Eine Wirkung kann ebenfalls unterschiedlich entfaltet werden, beispielsweise durch die mediale Darbietungsform, da auditive Medien, wie Podcasts, andere Wirkungen verbreiten wie audiovisuelle Medien oder Print-Medien (Schenk, 2007, 39). Neben beabsichtigten Werbewirkungen können jedoch ebenfalls unbeabsichtigte Wirkungen hervorgerufen werden, wie die Reaktanz, bei der ein Beeinflussungsversuch durch Werbung bewusst als Manipulation wahrgenommen wird (Kloss, 2007, 53). Die Rezipierenden entwickeln daraufhin eine Gegenreaktion auf die Werbung. Daher sollte erfolgreiche Werbung nicht als beeinflussende Kommunikation erkennbar sein und keinen Druck auf Rezipierende ausüben, um unerwünschten Werbewirkungen entgegenzuwirken (Kloss, 2007, 53). Um die Komplexität von Werbewirkungsprozessen zu vereinfachen, werden im folgenden Unterkapitel verschiedene Werbewirkungsmodelle herangezogen. Zur weiteren Operationalisierung von Podcast Advertising sollen in diesem Kapitel entsprechende theoretische Grundlagen vermittelt werden, die ein Verständnis für die Untersuchung der Wirksamkeit von werblichen Mitteilungen in Podcasts schaffen sollen.

3.1 Modelle zur Erfassung der Wirksamkeit von Podcast Advertising

Um das Konzept der unbeabsichtigten Werbung, der zuvor beschriebenen Reaktanz, nachvollziehbar zu gestalten, kann das *Persuasion Knowledge Model* (*PKM*) herangezogen werden. Das *PKM* setzt voraus, dass Rezipierende einer Werbebotschaft die persuasive Kommunikation bewusst wahrnehmen, kritisch hinterfragen und lernen, wie sie mit den werblichen Mitteilungen umgehen sollen (Friestad & Wright, 1994, 2). Sobald die Verwendung werblicher Inhalte von den Rezipierenden erkannt wird, wird die thematische und objektive Wahrnehmung des Inhalts unterbrochen (Friestad & Wright, 1994, 2). Somit wird die Schlüssigkeit von Storytelling-Elementen nicht mehr wahrgenommen. Dieses Verhaltensmuster führt dazu, dass der Inhalt der Werbebotschaft entzerrt wird. Die Rezipierenden entwickeln ein sogenanntes *Persuasion Coping Behaviour* und wenden eine Rezeptionsstrategie als Reaktion auf die erkannte, versteckte Werbebotschaft an, was zu einer Reaktanz führt (Friestad & Wright, 1994, 2). Dies hat zur Folge, dass die ursprünglich intendierte Werbewirkung umgekehrt wird und den Rezipierenden nicht mehr beeinflussen kann (Friestad & Wright, 1994, 4). Das *PKM* weist somit auf, wie die Rezipierenden diese Beeinflussung verarbeiten und wie sie darauf antworten. Ob Reaktanzen ebenfalls ein Risiko für Podcast Advertising darstellen, wird in Kapitel vier näher behandelt.

Um die bewusste Werbewirkung näher zu operationalisieren, kann die wiederholte Wahrnehmung der Podcast-Sprecher*innen und den platzierten werblichen Mitteilungen mit dem *Mere-Exposure effect* untersucht werden. Vor allem die regelmäßigen Podcast-Hörer*innen, die in Kapitel zwei erwähnten *heavy user* nehmen Podcast-Sprecher*innen wiederholt wahr. Der *Mere-Exposure effect* besagt, dass eine wiederholte Wahrnehmung eines Gegenstandes oder einer Person zu einer positiven Bewertung dessen führt (Siegert et al., 2016, 303). Diese Wiederholung führt im positiven Falle zu einer Sympathie oder Habitualisierung der Mediennutzung oder im negativen Falle zu einer Ablehnung, die auch als *wear-out effect* verstanden werden kann (Siegert et al., 2016, 304). Wie sich die wiederholte Wahrnehmung der Podcast-Sprecher*innen und der von jenen verwendeten Werbebotschaften auf die Hörer*innenschaft auswirkt, wird ebenfalls in Kapitel vier ausgeführt.

Im nachstehenden Kapitel werden die Werbewirkungen von auditiven Medien untersucht, um die Besonderheiten der kommunikativen Leistungen von Podcast-Sprecher*innen hervorzuheben.

3.2 Kommunikative Leistungen von Podcast-Sprecher*innen

Im Kontext der Individual- und der Massenkommunikation spielen parasoziale Interaktionen und Beziehungen eine große Rolle. Dies ist ebenfalls für die vorliegende Arbeit relevant, da Podcast-Sprecher*innen vor allem auf die interpersonale Kommunikation abzielen, die jedoch zeitlich versetzt stattfindet und somit als parasoziale Interaktion auftritt. Die parasoziale Interaktion ist ein klassischer Effekt der Massenmedien, bei der Rezipierende die Medienakteur*innen beobachten können, während diese die direkte Reaktion der Hörer*innenschaft nicht nachvollziehen können (Hartmann, 2017, 14). Es entsteht eine einseitige, asymmetrische Interaktion durch die handelnden Medienakteur*innen, wobei die parasoziale Interaktion die Illusion einer sozialen Interaktion darstellt (Hartmann, 2016, 79). Rezipierende bauen dabei eine enge Bindung zu Medienakteur*innen auf, versuchen sich mit ihnen zu identifizieren und fühlen sich mit ihnen verbunden (Brosius, 2016, 84), wodurch parasoziale Beziehungen entstehen. Welche Rollen parasoziale Interaktionen im Kontext des Podcast Advertisings annehmen, wird in Kapitel vier näher thematisiert.

Um die Wirkung von auditiven Medien weiter zu erforschen, werden in der vorliegenden Ausarbeitung ebenfalls die Codes Sprache und Geschichten als Bedeutungsträger der Markenkommunikation herangezogen. Da der Fokus der vorliegenden Arbeit auf der Erforschung der auditiven Medienwirkung liegt, werden die Codes Symbole und Sensorik nicht berücksichtigt.

Die Codes Sprache und Geschichten tragen die Botschaft eines beworbenen Gegenstandes an den Werberezipierenden heran, stimulieren den Zugang zum Kund*innengehirn und bilden somit eine Brücke zwischen dem beworbenen Gegenstand und dem Rezipierenden (Held & Scheier, 2006, 72). Sprache kann sowohl direkte als auch indirekte Bedeutungen übertragen, wie beispielsweise durch den Wortklang, durch Fachbegriffe, den Satzbau, die Sprachmelodie, Dialoge oder durch die Verwendung von Slogans (Held & Scheier, 2006, 74).

Der Code Geschichten wird in Podcast Advertising vor allem in *Host Reads*, durch den narrativen Storytelling-Charakter angewendet. Im menschlichen Gehirn existieren eigene neuronale Netzwerke, das sogenannte episodische Gedächtnis, welches ausschließlich für das Speichern von Geschichten verantwortlich ist (Held & Scheier, 2006, 74). Geschichten lösen starke Emotionen bei Menschen aus, weswegen Storytelling als beliebtes Werbemittel im Marketing angewendet wird (Held & Scheier, 2006, 75). Durch Spiegelneuronen können Menschen Geschichten spontan miterleben, wobei das Gehirn nicht zwischen einer selbst erlebten und einer erzählten Geschichte unterscheiden kann, denn die Geschichte muss im Gehirn simuliert werden, um sie kognitiv zu verarbeiten und verstehen zu können (Held & Scheier, 2006, 75). Außerdem schließen neue Geschichten an bereits erlebte Geschichten an, die im episodischen Gedächtnis gespeichert sind und machen neugierig (Held & Scheier, 2006, 77). Durch Geschichten können Bedeutungen einer Marke somit indirekt an Rezipierende vermittelt werden, die durch die kognitive Verarbeitung der Geschichte mit einer erhöhten Wahrscheinlichkeit langfristig im Gedächtnis der Rezipierenden bleiben.

Wie in Kapitel zwei beschrieben, nutzen Podcast-Hörer*innen das Audioformat unter anderem mit der Absicht, etwas Neues zu erlernen. Dadurch besteht eine hohe Bereitschaft zur Aufnahme von neuem Wissen und neuen Geschichten, wodurch sich wiederum ein großes Werbepotenzial entfaltet. Wie dieses Werbepotenzial operationalisiert werden und mit welchen Indikatoren die Wirkung werbliche Mitteilungen gemessen werden kann, wird im nächsten Unterkapitel näher ausgeführt.

3.3 Werbewirkungsindikatoren als Erfolgskontrolle von Podcast Advertising

Wie bereits in der Einleitung erwähnt, liegen werbetreibenden Unternehmen keine einheitlichen und aktuellen Reichweiteninformationen vor (Domenichini, 2018, 583), weswegen die Werbewirksamkeit von Podcasts bisher in geringem Maße erforscht worden ist. „Es fehlt eine ‚Währung' oder Benchmark-Instanz im Markt für ‚Audio-on-Demand'." (Puffer & Schröter, 2018, 366). Veröffentlichte Nutzungszahlen von Podcasts stellen einen möglichen Indikator zur Erfolgsmessung von digitalen auditiven Medien dar (Puffer & Schröter, 2018, 366). Um die Effektivität von Werbemitteilungen in Podcasts noch messbarer zu machen, werden für die vorliegende Arbeit die kognitiven Werbewirkungsindikatoren Werbeerinnerung, Markenbekanntheit und *Consideration Set* verwendet, die nachstehend erläutert werden sollen. Außerdem muss bei allen drei Werbewirkungsindikatoren in gestützte und ungestützte beziehungsweise spontane Werbeeffekte unterschieden werden. Der Unterschied besteht darin, ob befragte Personen eine Gedächtnisstütze erhalten oder frei heraus, ohne Gedächtnisstütze antworten (Herrmann et al., 2011, 271).

Der Erinnerungseffekt, die Erinnerung an Medien- und Werbebotschaften spielt sich im bereits erwähnten langfristigen Gedächtnis, dem sogenannten expliziten Gedächtnis ab und beschreibt, wie effektiv die werbliche Mitteilung im Gedächtnis geblieben ist (Schenk, 2007, 247). Das *Consideration Set* bezeichnet die Erwägung aller positiv bewerteten Markenalternativen, die potenzielle Konsument*innen für eine Kaufentscheidung in der jeweiligen Produktkategorie heranziehen (Koschate-Fischer & Wolframm, 2021). Je höher das *Consideration Set*, desto wahrscheinlicher wird die beworbene Produktmarke in die engere Auswahl eines Kaufentscheidungsprozesses herangezogen. Unter der kommunikativen Wirkung der Markenbekanntheit wird die vorwiegende Namenskenntnis einer Marke sowie die Geläufigkeit eines Markennamens bei Rezipierenden der werblichen Mitteilung verstanden (Ellinghaus, 2000, 33). „Markenbekanntheit schafft Vertrautheit, woraus letztendlich Zuneigung und ein Image entstehen können." (Bauer et al., 2006, 71). Die Markenbekanntheit stellt somit die Voraussetzung für das *Consideration Set* dar, da eine Marke zunächst bekannt sein muss, um von Rezipierenden für den möglichen Produktkauf in Betracht gezogen zu werden.

Die drei Werbewirkungsindikatoren werden für die Erfolgsmessung von werblichen Mitteilungen in Podcasts herangezogen, sodass Podcast Advertising effektiv operationalisiert werden kann. Nach der Erläuterung der Werbewirkungsindikatoren sowie der Auflistung der Modelle zur Messung der Wirksamkeit von auditiven werblichen Mitteilungen wird im nachstehenden Kapitel analysiert, welche Faktoren und Besonderheiten werbliche Mitteilungen in Podcasts aufweisen.

4. Besonderheiten der Wirksamkeit von Werbung in Podcasts

Im vorangehenden Kapitel ist veranschaulicht worden, welche Modelle und Ansätze zur Erfassung der Wirksamkeit werblicher Mitteilungen in auditiven Medien herangezogen werden können. Außerdem wurden die kommunikativen Leistungen von Podcast-Sprecher*innen thematisiert und die damit verbundene Bedeutung parasozialer Interaktionen sowie der Codes Sprache und Geschichten in Podcasts verdeutlicht. Im nachstehenden Kapitel sollen die bisherigen theoretisch gewonnenen Erkenntnisse über auditive Medienwirkung mit Befunden aus repräsentativen Studien verknüpft werden, um die Wirkung werblicher Mitteilungen in Podcasts zu untersuchen. Die nachstehend beschriebenen Studien wurden in Deutschland sowie in den USA durchgeführt, um einen internationalen Vergleich der erforschten Werbewirksamkeit von Podcast Advertising zu erhalten. Bei den Studien handelt es sich um vier Online-Befragungen sowie um zwei Online-Panel-Studien.

4.1 Effekte von werblichen Mitteilungen in Podcasts

Werbliche Mitteilungen in Podcasts genießen eine hohe Werbeakzeptanz, die bei allen drei Werbeformen vorliegt (Zeschke I, 2021). 70 Prozent der befragten Personen in der RMS Podcast-Studie gaben an, sich nicht oder überhaupt nicht durch Werbung in Podcasts stören zu lassen (Zeschke II, 2021, 11). Für diese Erhebung wurden im Rahmen des Ipsos Access Panels im Februar 2021 5.000 Podcast-Hörer*innen ab 16 Jahren zu ihrer Nutzungssituation und zu ihrer Werbeakzeptanz befragt (Zeschke II, 2021, 2).

Eine Studie der Splendid Research GmbH aus dem Jahr 2018 belegt darüber hinaus, dass 82 Prozent der befragten Personen Werbebotschaften in Podcasts nicht überspringen, wenn sie diese als unterhaltsam oder interessant empfinden (25). In dieser repräsentativen Online-Befragung wurden 1.022 Personen in Deutschland zwischen 18 und 69 Jahren zum Thema Podcasts befragt (Splendid Research GmbH, 2018, 2). Dies geht ebenfalls aus einer US-amerikanischen Studie der Nielsen Company aus dem Jahr 2017 hervor. In dieser Studie wurden 7.000 Podcast-Hörer*innen zwischen 18 und 49 Jahren in einem Online-Panel zu ihrer Podcast-Nutzung befragt. Die Proband*innen hörten sich eine zehn-minütige Sequenz einer Podcast-Folge aus ihrem favorisierten Genre an, in die eine Werbemitteilung eingebunden war. Im Anschluss wurden die Proband*innen zu ihren Erfahrungen befragt (The Nielsen Company, 2017, 6). 78 Prozent der befragten Personen haben angegeben, dass sie die Einbindung werblicher Mitteilungen in den Podcast als nicht störend empfinden (The Nielsen Company, 2017, 3). Außerdem haben 62 Prozent der Proband*innen ebenfalls angegeben, über das beworbene Produkt nachgedacht und einen Kauf in Erwägung gezogen zu haben. Dieses Ergebnis spricht für eine starke Aktivierung von werblichen Mitteilungen in Podcasts und stellt ein hohes *Consideration Set* dar, da die Produktmarke in die engere Auswahl der Werberezipierenden herangezogen worden ist.

In weiteren Studien wird die Akzeptanz von werblichen Mitteilungen in Podcasts im Vergleich zu der Akzeptanz von werblichen Mitteilungen in klassischen Medien untersucht. Dies ermöglicht einen direkten Vergleich der unterschiedlich hohen Werbewirkungsindikatoren, wie zum Beispiel in der Podcast-Studie von Seven.One Media aus dem Jahr 2021 (Seven.One Media, 2021, 16). Im Rahmen dieser Studie sind Online-Interviews mit 1.765 Teilnehmenden zwischen 18 und 49 Jahren durchgeführt worden. Von den Teilnehmenden hörten 272 Personen ausschließlich Radio, 286 hörten ausschließlich Podcasts und 1.207 Teilnehmende nutzen beide Medien (Seven.One Media, 2021, 23). Von den befragten Personen haben 70 Prozent Radiowerbung als störend empfunden, während nur 34 Prozent Podcast-Werbung als störend wahrgenommen haben (Seven.One Media, 2021, 16). In dieser Studie wurde ebenfalls eine weitere Erkenntnis über die Relation zwischen der Altersstruktur und der Werbeakzeptanz von Podcast-Hörer*innen gewonnen: Junge Podcast-Hörer*innen nehmen Werbung grundsätzlich positiver wahr (Seven.One Media, 2021, 16). Da sich die Podcast- Hörer*innenschaft vor allem durch junge Nutzer*innen auszeichnet, überwiegend unter 35-jährigen Personen, kann diese Erkenntnis einen potenziell wichtigen Aspekt für werbetreibende Unternehmen darstellen, da diese von einer grundsätzlich hohen Werbeakzeptanz ausgehen können, wenn sie eine junge Zielgruppe ansprechen möchten.

Da bisher die Werbeakzeptanz aller Werbeformen in Podcasts adressiert worden ist, stellt der folgende Befund eine Differenzierung der Werbeakzeptanz innerhalb der drei Werbeformen in Podcast Advertising dar. Aus der Studie „Spot On Podcast" der ARD-Werbung Sales & Services GmbH (AS&S Radio) geht hervor, dass *Sponsorings* mit 82 Prozent am meisten akzeptiert werden. *Host Reads* und *Audiospots* weisen ebenfalls eine hohe Akzeptanz, im Bereich zwischen 70 und 80 Prozent auf (AS&S Radio, 2018, 19). In dieser Studie wurden 10.000 Personen im Alter von 14 bis 69 Jahren befragt, um die Werbewirksamkeit der drei Werbeformen miteinander vergleichen und von der Wirkung werblicher Mitteilungen in klassischen auditiven Medien unterscheiden zu können. Den Teilnehmenden wurde jeweils eine Podcast-Folge mit den drei Werbeformen vorgespielt, die sie nach persönlichem Interessensschwerpunkt ausgewählt haben. Ein Teil der befragten Personen sollte als Referenzrahmen dienen, indem diesen ein klassischer Audioinhalt in Form eines Radiobeitrags vorgespielt worden ist, der einen Werbeblock von fiktiven Marken enthielt (AS&S Radio, 2018, 40). Ein weiterer Befund in Bezug auf *Sponsorings* geht aus der Studie der Splendid Research GmbH hervor. Zu Beginn einer Podcast-Folge platzierte *Sponsorings* genießen eine höhere Akzeptanz bei Podcast-Hörer*innen, als Werbebotschaften, die während der Podcast-Folge ausgestrahlt werden (2018, 25).

Ein möglicher Grund für die hohe Akzeptanz werblicher Mitteilungen in Podcasts seitens der Hörer*innenschaft wurde in der Online-Panel-Befragung der Nielsen Company identifiziert. Podcast-Hörer*innen haben hier angegeben, dass sie Werbung in Podcasts nicht störend empfanden, da sie wissen, dass dies den Podcast finanziell unterstützt (The Nielsen Company, 2017, 3). Diese Erkenntnis betont die hohe Loyalität der Podcast-Hörer*innen und betrifft vor allem die *heavy user*.

Ein weiterer Grund für die hohe Werbeakzeptanz lässt sich in der positiv wahrgenommenen, inhaltlichen Konvergenz zwischen dem Thema der Podcast-Folge und dem Thema der werblichen Mitteilung finden. 74 Prozent der befragten Personen aus der Studie der Nielsen Company haben angegeben, dass sie die Werbebotschaft als gute inhaltliche Ergänzung zum Podcast empfanden (2017, 3). Da die Nutzer*innen von Podcasts aktiv nach einer ihrem Themenschwerpunkt entsprechenden Podcast-

Folge suchen, bringen sie ebenfalls ein bereits hohes Interesse am behandelten Thema mit, wie in den Nutzungsmotiven von Podcast-Hörer*innen in Kapitel zwei beschrieben. Podcast-Sprecher*innen geben somit ihre redaktionelle Verantwortung nicht ab, wenn Werbung in Podcasts stattfindet, und versuchen eine möglichst hohe inhaltliche Ergänzung des redaktionellen Inhalts um die kommerzielle Botschaft zu schaffen.

Dieser bewusste Umgang mit werblichen Mitteilungen, die zum Thema der jeweiligen Podcast-Folge passen führt zu einem weiteren Faktor, der Podcast Advertising erfolgreich macht: eine hohe Glaubwürdigkeit der Werbebotschaften. „Insbesondere glaubwürdige Produktvorstellungen schaffen Aufmerksamkeit und Relevanz für die werbende Marke." (Domenichini, 2018, 586). Dies zeigt vor allem, dass sich die Hörer*innenschaft durch die Darlegung einer transparenten Informationslage ernst genommen fühlen möchte und durch glaubwürdige Produktvorstellung das Produkt als relevanter wahrnimmt (Domenichini, 2018, 585).

Die erhöhte Glaubwürdigkeit von Podcast Advertising bestätigt ebenfalls die Podcast-Studie von Seven.One.Media. 41 Prozent der befragten Personen haben hier angegeben, dass sie die jeweilige Podcast-Werbung als glaubwürdig empfinden, während Radiowerbung nur von 35 Prozent der befragten Personen als glaubwürdig empfunden worden ist (2021, 16). Aus der Studie der Nielsen Company geht ebenfalls hervor, dass 83 Prozent der befragten Personen die Einbindung werblicher Botschaften in den Podcast als authentisch und natürlich empfinden (2017, 3).

Außerdem befürwortet die Loyalität von Podcast-Sprecher*innen zum werbetreibenden Unternehmen die Glaubwürdigkeit werblicher Mitteilungen in Podcasts. Bei langjährigen Kooperationen von Podcast-Sprecher*innen erscheint die Verbindung von Marke und Podcasts zunehmend glaubwürdiger und wird positiver wahrgenommen, „da eine Partnerschaft über mehrere Monate oder Jahre authentischer ist als wöchentlich wechselnde Werbepartner." (Seven.One Media, 2021, 20). Dieser Faktor kann für werbetreibende Unternehmen ebenfalls relevant sein, um auf langjährige Partnerschaften mit Podcast-Sprecher*innen abzuzielen.

Die Glaubwürdigkeit von Podcast Advertising kann sich außerdem durch den Einsatz von sachlich präsentierten werblichen Mitteilungen steigern. Im Vergleich zu persönlich erzählten *Host Reads* erzeugen informative *Host Reads* mit einer sachlich orientierten Produktvorstellung eine deutlich erhöhte, ungestützte Markenbekanntheit sowie ein erhöhtes spontanes *Consideration Set* (Domenichini, 2018, 585). Dies bedeutet, dass sich die Podcast-Hörer*innen der Studie ohne Gedächtnisstütze, an die in den informativen Host Reads vorgestellten Markennamen erinnern konnten und dass sie das beworbene Produkt eher in Erwägung für eine Kaufentscheidung gezogen haben.

Persönlich erzählte *Host Reads* sorgen dahingegen für eine erhöhte Werbeerinnerung im Vergleich zu der gemessenen Werbeerinnerung im Werbeblock des Radiobeitrags als Referenzrahmen der „Spot on Podcast" Studie von AS&S Radio (Domenichini, 2018, 584).

Somit schneiden *Host Reads* in Bezug auf den Erfolgsfaktor Werbeerinnerung als erfolgreichste Werbeform ab. *Sponsorings* erzeugen eine um den Faktor 2,79 und *Audiospots* eine um den Faktor 2,44 erhöhte Werbeerinnerung (Domenichini, 2018, 584).

Die erhöhte Werbeerinnerung durch persönlich erzählte *Host Reads* geht ebenfalls aus der Studie Seven.One.Media hervor. Native Werbung bleibt besonders gut im Gedächtnis und erzielt eine hohe ungestützte Werbeerinnerung (2021, 20). Podcast-Hörer*innen konnten nach Rezeption der Podcast-Folge durchschnittlich eine beworbene Marke spontan korrekt benennen (Seven.One.Media, 2021, 21). Pro Podcast-Folge wurden werbliche Mitteilungen von jeweils zwei Unternehmen präsentiert, welches eine ungestützte Werbeerinnerung von 50 Prozent belegt. Bei der gestützten Werbeerinnerung liegt der Wert bei 80 Prozent (Seven.One.Media, 2021, 21). Eine erhöhte Werbeerinnerung wurde ebenfalls in einer Studie der Nielsen Company nachgewiesen. 62 Prozent der befragten Personen konnten sich korrekt an den Namen der beworbenen Marke erinnern (2017, 4). Außerdem wirken *Host Reads* und *Sponsorings*, die auf *Native Advertising* basieren, stärker aktivierend (Seven.One.Media, 2021, 18).

Der Befund der erhöhten Werbeerinnerung durch persönlich vorgetragene *Host Reads* kann vor allem auf den Code Geschichten als Bedeutungsträger der Markenkommunikation zurückgeführt werden. Erzählte Geschichten erzielen einen grundsätzlich erhöhten Erinnerungseffekt, besonders wenn die Geschichte an bereits ähnlich erlebte Erfahrungen anknüpft, siehe Kapitel drei.

Ein hohes Involvement führt außerdem zu einer intensiven, kognitiven Auseinandersetzung mit dem Produkt (Schenk, 2007, 247) und stellt bei der Verwendung
von persönlich erzählten *Host Reads* den Ausgangspunkt der Werbebotschaft dar (Domenichini, 2018, 585). Involvement meint hierbei „das Engagement, mit dem sich je-
mand einem Gegenstand oder einer Aktivität zuwendet" (Kroeber-Riel, 1993, 98 zi-
tiert nach Kloss, 2007, 91). Es wird dabei in hohes und niedriges Involvement unterschieden, abhängig davon, ob die Wirkung mit aktiver oder passiver Beteiligung der
Rezipierenden erfolgt (Kloss, 2007, 90). Hohes oder niedriges Involvement ist demnach immer davon abhängig, welche persönliche Relevanz dem beworbenen Produkt
individuell zugeteilt wird. Es liegt keine einheitliche Definition für Involvement vor,
der Begriff grenzt sich jedoch gegenüber Begriffen, wie Aufmerksamkeit oder Interesse ab. Da Podcast-Hörer*innen nur die Inhalte rezipieren, nach denen sie aktiv suchen und die sie interessieren, wenden sie sich dem Audiomedium und dem Inhalt mit
einer hohen Aufmerksamkeit und einem großen Interesse zu. Dabei sind Podcast-Hörer*innen auf dem Themengebiet des Podcasts, den sie regelmäßig rezipieren, bereits
Expert*innen und weisen ein hohes Themenwissen auf (García, 2020, 58). Dies spricht
für ein hohes Involvement der Podcast-Hörer*innen in Bezug auf ihre Podcast-Nutzung. Die Rolle des hohen Involvements der Podcast-Hörer*innen, sowie die Charakterisierung von Podcast-Hörer*innen als aufmerksame, interessierte, konzentrierte sowie aktive Nutzer*innen wird im nächsten Unterkapitel näher thematisiert.

Die verschiedenen Werbeformen in Podcasts verzeichnen demnach hohe mess-
bare Erfolge, im Vergleich zu der Wirkung der werblichen Mitteilungen in klassischen
Audiomedien, wie dem Radio als Referenzrahmen. Podcast Advertising weist darüber
hinaus eine hohe Werbeakzeptanz auf, was sich darin begründen lassen könnte, dass
die Podcast-Hörer*innen als loyale Hörer*innenschaft den Einsatz von Werbemög-
lichkeiten als Finanzierungsmethode für nützlich ansehen und die inhaltliche Ergänzung des Podcasts um werbliche Mitteilungen ebenfalls schätzen. *Sponsorings* werden
dabei am meisten akzeptiert. Die Herausforderung für Podcast-Sprecher*innen liegt
nun darin, ein Gleichgewicht zwischen den Interessen der Podcast-Hörer*innen sowie
den Interessen der werbetreibenden Unternehmen zu schaffen, um die positive Haltung
Werbung gegenüber seitens der Podcast-Hörer*innen zu wahren (Haygood, 2007,
522). Podcast-Sprecher*innen müssen den Erwartungen ihrer Hörer*innen dauerhaft

entsprechen und werbliche Mitteilungen thematisch passend sowie glaubwürdig gestalten. Eine durchdachte und passende Wahl werblicher Mitteilungen, die thematisch zum redaktionellen Inhalt des Podcasts passen, ist dabei sowohl im Interesse der Podcast-Sprecher*innen, um die Treue zu ihrer Hörer*innenschaft aufrechtzuerhalten, als auch im Interesse der werbetreibenden Unternehmen, um eine möglichst hohe Werbeaktivierung bei der Hörer*innenschaft hervorzurufen.

Trotz der überwiegend positiven Erkenntnisse der präsentierten Studien bestehen ebenfalls Risiken durch den Einsatz von *Native Advertising* bei den Werbeformen *Host Reads* und *Sponsorings*. Eine Begegnung mit werblichen Mitteilungen in Podcasts geschieht für die Podcast- Hörer*innenschaft disruptiv und ohne Zustimmung (Domenichini, 2018, 586). Ein Risiko beim Einsatz von *Native Advertising* besteht in der möglichen ablehnenden Haltung der Werberezipierenden. Dieser Risikofaktor kann, mit dem in Kapitel drei erläuterten *PKM* näher begründet werden. Laut dem *PKM* wird beim Einsatz von Native Advertising die Werbeplattform oder das werbetreibende Unternehmen im Vergleich zur klassischen Werbebotschaft negativer bewertet (ARD Forschungsdienst, 2019). Da das *persusasion behaviour* nur bei Werbung mit geringer Informationslage eintritt, trifft dieses Verhalten weniger auf informativ aufbereitete *Sponsorings* und *Host Reads* zu, jedoch könnten persönlich aufbereitete *Host Reads* hiervon betroffen sein. Durch die augenscheinliche inhaltliche Konvergenz zwischen redaktionellem und kommerziellem Inhalt, wie in Kapitel zwei beschrieben, wird *Native Advertising* nicht als klassische Werbebotschaft wahrgenommen. Jedoch ist aufgrund der rechtlichen Rahmenbedienungen eine Verschleierung von redaktionellem und werblichen Inhalt nicht möglich. Podcast-Hörer*innen sind dem Risiko der Manipulation somit aus rechtlicher Perspektive nicht ausgesetzt.

Da werbliche Mitteilungen in Podcasts zudem auf Glaubwürdigkeit, Seriosität und inhaltliche Abstimmung zwischen redaktionellem und kommerziellem Inhalt setzt, bewerten Podcast-Hörer*innen diese Werbebotschaften positiv. Durch die grundsätzlich hohe Werbeakzeptanz kann bei Podcast-Hörer*innen davon ausgegangen werden, dass werblichen Mitteilungen eine hohe Relevanz beigemessen wird und Werbebotschaften als weiterführende Information anerkannt werden.

„Die Nachteile von Native Advertising, die im Persuasion-Knowledge-Modell vorhergesagt werden, können ausgeglichen werden, wenn die Konsumenten die Botschaften als relevant und nützlich wahrnehmen." (ARD Forschungsdienst, 2019).

Ein weiteres Risiko stellt jedoch der Zeitpunkt der Platzierung sowie die technische Äquivalenz zum inhaltlichen Teil des Podcasts für Podcast-Sprecher*innen dar. Ein starker Unterschied, beispielsweise durch unterschiedliche Lautstärke-regelungen kann den Podcast-Hörer*innen negativ auffallen (Domenichini, 2018, 586). Durch die persönliche Gesprächsatmosphäre können Werbebotschaften ebenfalls als störend wahrgenommen werden, wenn diese nicht vertraut wirken oder sich von der Tonalität und dem Format der Podcast-Episode stark unterscheiden. Bei *Sponsorings* bietet es sich daher beispielsweise an, die Podcast-Folge zunächst inhaltlich einzuleiten, bevor werbliche Mitteilungen wie *Sponsorings* eingesetzt werden. Dies entspricht ebenfalls der bereits erwähnten Empfehlung für die Platzierung von *Sponsorings* in Podcasts. Im Hinblick auf Werbeerinnerungseffekte ist es empfehlenswert, werbliche Mitteilungen kurz und prägnant zu halten (Domenichini, 2018, 586).

Diese kritische Abwägung der Risiken von Podcast Advertising sollte einen realistischen Vergleich schaffen, welche Faktoren bei der Platzierung von werblichen Mitteilungen besonders beachtet werden müssen, um die im oberen Teil des vorliegenden Unterkapitels positive Wirkung von Podcast Advertising in Relation zu möglichen Risiken zu setzen. Es wurden bereits verschiedene Aspekte genannt, auf welche Faktoren der erhöhte Erfolg von werblichen Mitteilungen in Podcasts im Vergleich zu werblichen Mitteilungen in klassischen Medien zurückgeführt werden könnte. Dabei wurde auf den Ist-Zustand werblicher Mitteilungen in Podcasts eingegangen. Im nachstehenden Kapitel liegt der Fokus auf der Akteursebene und thematisiert den Ist-Zustand der Podcast-Hörer*innen.

4.2 Podcast Advertising aus der Perspektive von Podcast-Hörer*innen

Wie in Kapitel zwei bereits erläutert, rezipieren Podcast-Hörer*innen das Audioformat mit der kognitiven Motivation, sich zu informieren, sich tiefgehend mit komplexen Sachverhalten auseinanderzusetzen, sich weiterzubilden, etwas Neues zu lernen sowie um Inspiration für Gesprächsthemen zu gewinnen. Somit rezipieren Podcast-Hörer*innen das Audioformat bereits mit einer hohen kognitiven Bereitschaft, Wissen zu erlangen, was auf eine besonders hohe Aufmerksamkeit der Hörer*innenschaft schließen lässt. Aus der „Spot on Podcast" Studie von AS&S Radio geht zusätzlich hervor, dass mehr als die Hälfte der befragten Personen Podcasts frei von Ablenkung rezipieren (2018, 13). Den hohe Aufmerksamkeitsgrad der Podcast- Hörer*innenschaft belegt ebenfalls die Studie von Maru/Matchbox. 71 Prozent der befragten Personen hören die Podcast-Folge ausschließlich und gehen währenddessen keiner Nebentätigkeit nach (2021, 56). Außerdem werden Podcasts überwiegend über Kopfhörer rezipiert werden, wobei ein exklusives Hörerlebnis entsteht:

> „Wer Kopfhörer nutzt, will die Außenwelt abschalten. Podcast-Konsument:innen hören also nicht nur, sie hören zu." (Zeschke I, 2021).

Podcast-Hörerinnen lassen sich demnach neben des hohen Aufmerksamkeitsgrades ebenfalls als sehr konzentrierte und interessierte Nutzer*innen charakterisieren.

Darüber hinaus weisen Podcast-Hörer*innen eine aktive Haltung auf, da sie, wie in Kapitel zwei bereits erwähnt, über das Format, den Zeitpunkt, den Ort sowie die Länge des Zuhörens frei entscheiden können und Podcasts als Pull-Medium nutzen, indem sie aktiv nach Inhalten suchen. Das Medium setzt demnach eine aktive Haltung voraus, die von den Podcast-Hörer*innen beibehalten wird. Regelmäßige Podcast-Hörer*innen und Abonnent*innen von Podcasts verfolgen die Aktivität des Podcasts: „46% reported listening to their favorite podcast within a day of its release." (Glover, 2021).

Diese aktive Haltung führt ebenfalls zu einer erhöhten Kaufbereitschaft. In der Studie von Maru/Matchbox haben knapp die Hälfte der befragten Personen nach der Rezeption einer Werbebotschaft online nach weiteren Informationen zu dem beworbenen Produkt recherchiert und dabei ein Produkt oder eine Dienstleistung entdeckt, welches sie zuvor noch nicht kannten (2021, 61). 35 Prozent haben sich mit ihrem Umfeld über das beworbene Produkt ausgetauscht, während 29 Prozent einen Kauf getätigt und 28 Prozent einen im Podcast genannten Rabattcode beim Kauf des Produkts verwendet haben (Maru/Matchbox, 2021, 61). 27 Prozent haben das beworbene Produkt auf den sozialen Medien weiter recherchiert (Maru/Matchbox, 2021, 61). 41 Prozent der befragten Personen aus der Online-Befragung der Splendid Research GmbH gaben ebenfalls an, dass Podcasts sie dazu inspiriert haben, ein beworbenes Produkt zum ersten Mal ausprobiert zu haben (2018, 16).

Eine ähnliche Erkenntnis geht aus der Studie von Seven.One.Media hervor. In der Online-Befragung wurde festgestellt, dass Rabattcodes zu 60 Prozent und Empfehlungen der Podcast-Sprecher*innen zu 47 Prozent das Interesse von Podcast-Hörer*innen an beworbenen Produkten steigern (Seven.One.Media, 2021, 19). Diese Befunde betonen vor allem das durch Podcast Advertising erhöhte *Consideration Set* als Werbewirkungsindikator. Außerdem belegt dieser Befund, dass Podcast Advertising keinen *wear-out effect* erzeugt und werbliche Mitteilungen somit nicht ermüdend wirken beziehungsweise auf Ablehnung treffen. „Je länger oder je öfter ein Produkt durch Werbung beworben wird, desto größer ist der Effekt." (Seven.One.Media, 2021, 19). Hierbei muss jedoch zwischen *heavy* und *light usern* unterschieden werden, da dieser Effekt eher auf *heavy user* zutrifft, die die Podcasts-Nutzung in ihren Medienalltag einbauen und somit habitualisieren, während *light user* einen *wear-out effect* verzeichnen und ihre Podcast-Nutzung nicht habitualisieren (Martens & Amann, 2007, 551).

Podcast-Sprecher*innen genießen neben einer hohen Glaubwürdigkeit und Aufmerksamkeit ihrer Hörer*innenschaft ebenfalls ein hohes Vertrauen (Domenichini, 2018, 586). Besonders die in Kapitel zwei erwähnten *heavy user* weisen eine hohe Loyalität zu ihrem favorisierten Podcast auf. „The amount of weekly podcast listeners who are becoming *heavy user* continues to grow." (Glover, 2021). Durch die in Kapitel zwei erwähnte Möglichkeit, einen Podcast zu abonnieren, binden Podcast-Sprecher*innen ihre Hörer*innenschaft ebenfalls stark an den Podcast. Die Podcast-Hörer*innen begegnen dem Medium demnach mit einem hohen Involvement, da sie bereits mit dem im Podcast behandelten Thema vertraut sind, dem Thema eine hohe Bedeutung zuweisen und sich freiwillig für das Abonnement eines Podcasts entscheiden. Neben dem hohen Themenwissen bringen die Podcast-Hörer*innen ebenfalls ein hohes Expert*innenwissen mit.

In einer Studie von Wrather wurde anhand von drei Podcasts untersucht, wie Podcast-Sprecher*innen ihre Hörer*innenschaft ansprechen, mit ihnen interagieren und wie sie es schaffen, eine Fangemeinschaft aufzubauen (2016, 44). Podcast-Sprecher*innen und Podcast-Hörer*innen vereint das Interesse nach einem gemeinsamen Wissensaustausch (Wrather, 2016, 44). Podcast-Sprecher*innen nutzen neben diesem

Bedürfnis ebenfalls die in Kapitel zwei erwähnte hohe Technikaffinität ihrer Hörer*in-nenschaft, um diese somit auf anderen digitalen Kanälen an die Medienmarke des Po-dcasts zu binden (Wrather, 2016, 44). Aus der Studie von Wrather geht hervor, dass vor allem die crossmediale Verknüpfung verschiedener digitaler Plattformen, außer-halb des Podcasts, dazu führt, dass die Beziehungen zwischen Podcast-Hörer*innen und Podcast-Sprecher*innen vertieft werden (Wrather, 2016, 58). Podcast-Spre-cher*innen rufen aktiv zur Partizipation auf, die auf verschiedenen sozialen Netzwer-ken stattfinden kann, zum Beispiel durch das Verfassen von Beiträgen und Kommen-taren (Wrather, 2016, 58). Podcast-Sprecher*innen schaffen es somit, durch Interak-tion die Fangemeinschaft zu pflegen und eine Markenloyalität aufzubauen (Wrather, 2016, 58). Podcast-Sprecher*innen binden ihre Hörer*innenschaft an ihre Medien-marke, indem sie über das Medium Podcast hinaus für möglichst hohe Interaktions-und Beteiligungsmöglichkeiten sorgen und den Wunsch nach Wissensaustausch sowie Interaktion ihrer Hörer*innenschaft ernst nehmen und fördern. „In the case of po-dcasts, the intimacy of the medium and fan familiarity with the hosts build community and camaraderie." (Wrather, 2016, 58).

In einer weiteren Studie wurde untersucht, welche Nutzungsmotive und Po-dcast-Nutzungsweisen Fans von den 20 meistgehörten Podcasts aufweisen (McClung & Johnson, 2010, 82). Diese Umfrage wurde auf Fanpages der Podcasts in den sozialen Medien durchgeführt, wodurch vor allem *heavy user* und aktive Abonnent*innen von Podcasts angesprochen worden sind. Die *heavy user* haben vor allem den sozialen As-pekt in der Podcast-Nutzung positiv hervorgehoben und darüber hinaus die höchste Werbeakzeptanz aufgezeigt, während *light user* eine eher negative Haltung werblichen Mitteilungen gegenüber aufgezeigt haben (McClung & Johnson, 2010, 94). „The social aspect of podcasting, or the tendency to talk to others about the podcasts they consume, serves as a predictor for podcast use." (McClung & Johnson, 2010, 94). Po-dcast-Sprecher*innen können somit ihren Podcast in eine Austauschplattform verwan-deln, um dieses hohe Interesse der Interaktion und der Teilhabe zu fördern. *Heavy user* scheinen die Podcast-Nutzung bereits in den Alltag integriert zu haben (Martens & Amann, 2007, 543), während *light user* Podcasts nicht konstant nutzen (Martens & Amann, 2007, 543).

Die Bereitschaft von Podcast-Sprecher*innen, ihren Podcast als Austausch-plattform zu gestalten, trifft auf den Wunsch von *heavy usern,* sich über Themen intensiv mit Gleichgesinnten austauschen zu wollen. Podcast-Hörer*innen vertiefen damit nicht nur ihre Beziehungen zu den Podcast-Sprecher*innen, sondern auch zu anderen Podcast-Hörer*innen. Die Podcast- Hörer*innenschaft ist somit nicht nur loyal, sondern auch sozial und am interpersonalen Austausch interessiert. Dieser Befund wird im nächsten Kapitel mit dem theoretischen Ansatz der parasozialen Beziehungen und Interaktionen näher ausgeführt.

4.3 Parasoziale Interaktionen zwischen Podcast-Sprecher*innen und -Hörer*innen

Ein weiterer Faktor für die besonderen Effekte von werblichen Mitteilungen in Podcasts ist die Intimität durch Sprache von Podcasts als Audiomedium. Podcast-Hörer*innen bevorzugen werbliche Mitteilungen, die von den Podcast-Sprecher*innen persönlich vorgetragen werden, im Gegensatz zu werblichen Mitteilungen in klassischen auditiven Medien, die von dritten Personen eingesprochen werden.

> „Given a choice, 55% of weekly podcast listeners would prefer to hear an ad voiced by the show's host versus an ad that soundslike one heard on AM/FM radio." (Maru/Matchbox, 2021, 67).

Dies stellt eine Bevorzugung von *Host Reads* sowie *Sponsorings* im Gegensatz zu den *Audiospots* dar, die von einer neutralen Person eingesprochen werden. Diese Erkenntnis geht aus der Studie „Cumulus Media and Signal Hill Inisghts' Podcast Download – Spring 2021 Report" hervor. In einer Online-Befragung sind 600 Podcast-Hörer*innen über 18 Jahren befragt worden, die regelmäßig wöchentlich Podcasts hören, um unter anderem den Wachstumszuwachs von bestimmten Podcast-Genres zu untersuchen. Die Stichprobe dieser Studie ist ebenfalls interessant, da sie sich auf die Nutzungsgruppe der *heavy user* fokussiert. Diese positiven Effekte, die durch die Stimmen von Podcast-Sprecher*innen erzeugt werden, werden in diesem Kapitel genauer untersucht.

Mit gesprochener Sprache lassen sich Emotionen durch verschiedene Betonungen leichter vermitteln (Llinares, 2018, 133). Das gesprochene Wort kann Emotionen stärker übertragen als das geschriebene Wort.

„In terms of articulating written text, the voice is the essential instrument for both nuancing meaning and conveying emotional profundity." (Llinares, 2018, 133).

Darüber hinaus geben Podcast-Sprecher*innen Emotionen preis, indem sie ihre eigenen Meinungen und Emotionen nonverbal vermitteln (Llinares, 2018, 132). Dies erfolgt allein durch die Stimme, die einen Teil der Persönlichkeit der Podcast-Spre-cher*innen verrät, durch verschiedene Betonungen, die eigene Wortwahl, die Tonalität sowie die Art des Sprechens (Llinares, 2018, 132). „The voice - with all its tones, pauses, pitch changes, tremors, and stutters - can be highly revealing." (Llinares, 2018, 133). Diese nonverbalen Artikulationen der Podcast-Sprecher*innen führen zu einer Identifikation mit den Podcast-Sprecher*innen oder zu einer Ablehnung ihnen gegen-über, wenn die Podcast-Hörer*innen sich mit den Podcast-Sprecher*innen nicht iden-tifizieren können, ihre Meinungen und Haltung ablehnen oder die Stimme als unsym-pathisch einordnen (Llinares, 2018, 133). Die Stimme kreiert einen klaren Effekt bei den Zuhörer*innen und erzeugt dabei eine Wirkung: „(...) sound has always been a privileged tool to create an effect, to astonish." (Llinares, 2018, 133).

Diese durch Sprache hervorgerufene Intimität fördert ebenfalls parasoziale In-teraktionen und Beziehungen zwischen Podcast-Sprecher*innen und Podcast-Hö-rer*innen. Wie bereits in Kapitel drei beschrieben, ist die parasoziale Interaktion ein klassischer Effekt der Massenmedien und beschreibt eine einseitige Fremdbeobach-tung der Podcast-Sprecher*innen, die jedoch die Reaktion der Hörer*innenschaft nicht unmittelbar sehen können, sondern erst später durch die Kommentare der Podcast-Sprecher*innen. Die Bindung zwischen Podcast-Hörer*innen und Podcast-Spre-cher*innen wird vor allem durch den Dialogcharakter erzeugt und bildet, anders als bei klassischen Massenmedien, ein Gemeinschaftsgefühl (Wunschel, 2007, 157). Durch den sogenannten blinden Fleck können die Podcast-Sprecher*innen die Hö-rer*innenschaft und dessen Reaktion nicht beobachten (Hartmann, 2016, 79). Die Po-dcast-Sprecher*innen bemühen sich daher, „diese Lücke im Interaktionssystem zu überbrücken und kraft ihrer eigenen Darstellung beim Zuschauer die Illusion zu erzeu-gen, dass die Interaktion doch reziprok sei." (Hartmann, 2016, 79). Um diese Lücke zu überbrücken, werden nach Hartmann Mutmaßungen aufgestellt, wie die Hörer*in-nen reagieren könnte. Anhand dieser Mutmaßungen richten Podcast-Sprecher*innen

das eigene Verhalten aus (2017, 14). Der Hörer*innenschaft wird somit eine Antwortrolle zugewiesen, beispielsweise indem die Podcast-Sprecher*innen ihre Hörer*innen
direkt ansprechen und somit die Illusion entstehen lassen, dass sich diese doch in einer
reziproken, sozialen Interaktion befindet (Hartmann, 2016, 80).

Stimmen die Werte der Hörer*innenschaft mit den Werten der Podcast-Sprecher*innen überein, tendiert diese eher dazu, die vorgegebene Antwortrolle auch ein-
zunehmen (Hartmann, 2016, 80). Darüber hinaus können sich durch wiederholte parasoziale Interaktion langfristige parasoziale Beziehungsschemata herausbilden (Hartmann, 2017, 17). Dieser Prozess entwickelt sich ähnlich wie eine Freundschaft (Hartmann, 2016, 80). Somit kann soziale Interaktion mit parasozialer Interaktion kombiniert werden, sobald andere Plattformen, wie soziale Netzwerke hinzugezogen werden
und dort eine Kommunikation mit den Rezipierenden stattfindet (Rampf, 2008, 19).
Dies ist im Kontext von Podcasts der Fall, da Podcast-Sprecher*innen für ihre Hörer*innenschaft interaktive Austauschplattformen gestalten. Parasoziale Beziehungen
haben sich auch in einer qualitativen Studie aus den USA gezeigt, in der fünf Fokus-
gruppen, bestehend aus Personen, die wöchentlich Podcasts rezipieren, untersucht
worden sind. Die befragten Personen haben angegeben, dass sie die Podcast-Nutzung
wie eine Gesprächssituation mit den Podcast-Sprecher*innen empfunden haben, da die
Podcast-Sprecher*innen persönliche Informationen geteilt und die Podcast-Hörer*innen entsprechende Gemeinsamkeiten erkannt haben, die sie durch die Feedback-Möglichkeit mitteilen konnten (Glebatis Perks & Turner, 2018, 97). Dieser Befund zeigt,
dass die Rezipierenden eine Verbundenheit mit den Podcast-Sprecher*innen empfunden haben und sich mit den Sprecher*innen identifizieren können.

Der Sprechstil, den die Podcast-Sprecher*innen in die Podcast-Episode einflie-
ßen lassen, wirkt sich ebenfalls auf die Podcast-Rezipierenden aus (García, 2020, 60).
So können komplexe Sachverhalte durch eine humorvolle Sprechweise unterhaltsam
und vereinfacht vermittelt werden, indem Podcast-Sprecher*innen durch solche Ele-
mente eine angenehme Gesprächsatmosphäre schaffen (García, 2020, 60). Durch diese
angenehme Atmosphäre kann eine gar freundschaftliche Situation entstehen, in der
Podcast-Hörer*innen Vertrauen schöpfen und durch die Feedback-Möglichkeit ebenfalls ohne Barrieren Rückfragen stellen können (García, 2020, 60).

Die parasozialen Interaktionen zwischen Podcast-Sprecher*innen und Podcast-Hörer*innen gehören zu den kommunikativen Leistungen, die durch die Podcast-Sprecher*innen erbracht werden. Durch die parasozialen Beziehungen zwischen Podcast-Sprecher*innen und Rezipierenden sowie deren hoher Aufmerksamkeit könnte sich ein großes Potenzial der Werbewirksamkeit von Podcast Advertising entfalten. Dieser kommunikativen Leistungen werden ebenfalls durch die Intimität des Zuhörens und die Wirkung durch Sprache verstärkt.

5. Schlussbetrachtung

Abschließend lässt sich schlussfolgern, dass eine hohe ökonomische Verwertbarkeit von werblichen Mitteilungen in Podcasts besteht. Werbliche Mitteilungen in Podcasts treffen auf aufmerksame, interessierte sowie konzentrierte Hörer*innen, welche bereits durch eigene Wissensbestände in das behandelte Thema involviert sind. Werbliche Mitteilungen werden von der Hörer*innenschaft positiv bewertet und als nützliche sowie relevante Ergänzung zu den redaktionellen Inhalten des Podcasts eingestuft. Dabei entsteht eine hohe Erwartungshaltung seitens der Hörer*innenschaft an die Gestaltung der werblichen Mitteilungen in Podcasts, da diese glaubwürdig gestaltet werden müssen, um die Werbeakzeptanz bei den Hörer*innen aufrechtzuerhalten. Mögliche Risiken, wie zum Beispiel eine hervorgerufene Reaktanz bei den Podcast-Hörer*innen durch den Einsatz von *Native Advertising* entstehen dabei nicht.

Podcasts genießen eine Sonderfunktion als gleichzeitiges *Push- und Pull-Medium*, da Podcast-Nutzer*innen einerseits aktiv nach Inhalten suchen, diese jedoch nach einem Abonnement automatisch zugespielt bekommen. Die aktive Suche nach passenden Podcast-Folgen ermöglicht ebenfalls eine personalisierte Nutzung des Mediums. Durch die vorhandene Feedback-Funktion können Podcasts zwischen der Individual- und Massenkommunikation eingeordnet werden und zählen somit zur öffentlichen Kommunikation. Darüber hinaus weisen Podcasts zwar Parallelen zum klassischen Medium des Radios auf, jedoch gibt es auch grundsätzliche Unterschiede, da die Verbreitung von Inhalten auf digitalen Plattformen erfolgt und Podcasts über kein Rundfunksignal ausgestrahlt werden.

Die Hörer*innenschaft ist sehr jung, überwiegend unter 35 Jahren alt, kauf-kräftig und verfügt über eine hohe Bildung, Technikaffinität sowie über eine hohe Mediennutzung. Podcast-Hörer*innen lassen sich grob in *heavy user* und *light user* einteilen, die sich nach Nutzungsintensität unterscheiden. *Heavy user* nutzen Podcasts mehrmals wöchentlich und weisen ein starkes Bedürfnis nach Interaktion und Wissensaustausch auf. *Light user* nutzen Podcasts mehrmals monatlich und haben die Nutzung nicht habitualisiert.

Vor allem *heavy user* weisen eine hohe Loyalität zu den Podcast-Sprecher*innen auf. Dies lässt sich unter anderem in der hohen Akzeptanz werblicher Mitteilungen gegenüber begründen, da den Podcast-Hörer*innen bewusst ist, dass der von ihnen ausgewählte Podcast auf die Werbefinanzierung angewiesen ist, um weiterhin kostenfrei angeboten zu werden. Podcast-Hörer*innen nehmen die werblichen Mitteilungen in Podcasts somit als Bestandteil des Podcasts wahr. Außerdem lässt sich die hohe Loyalität auf den *Mere-Exposure effect*, auf die parasozialen Beziehungen zwischen Podcast-Hörer*innen und Podcast-Sprecher*innen sowie auf die Intimität durch Sprache zurückführen. Podcast-Sprecher*innen nehmen dabei den Wunsch nach Wissensaustausch und Interaktion der Podcast-Hörer*innen wahr und schaffen Austauschforen für ihre Hörer*innenschaft.

Das hohe Involvement der Podcast-Hörer*innen führt ebenfalls zu einer intensiven, kognitiven Auseinandersetzung mit dem beworbenen Produkt. Podcast-Hörer*innen begegnen dem Medium sowohl mit bereits vorhandenem Expert*innenwissen für das jeweilige Thema als auch mit den kognitiven Nutzungsmotiven, sich informieren zu wollen, etwas Neues zu lernen, komplexe Sachverhalte besser zu verstehen und sich weiterzubilden.

Die wiederholte Wahrnehmung von Podcast-Sprecher*innen führt nach dem *Mere-Exposure effect* zu einer erhöhten Sympathie diesen gegenüber und begünstigt die parasozialen Beziehungen und Interaktionen zwischen Podcast-Sprecher*innen und Podcast-Hörer*innen.

Die drei gängigen Werbeformen in Podcast Advertising – *Sponsorings, Audiospots* und *Host Reads* – rufen verschiedene positive Effekte bei Podcast-Hörer*innen hervor, wie beispielsweise einen hohen Werbeerinnerungseffekt, ein erhöhtes

Consideration Set sowie eine erhöhte Markenbekanntheit im Gegensatz zu werblichen Mitteilungen in klassischen auditiven Medien. Sachlich vorgetragene *Host Reads* erzeugen eine höhere Markenbekanntheit sowie ein erhöhtes *Consideration Set*, während persönlich vorgetragene *Host Reads* für eine erhöhte Werbeerinnerung sorgen. Podcast Advertising zeichnet sich durch eine grundsätzlich hohe Glaubwürdigkeit aus.

Werbliche Mitteilungen erreichen die Rezipierenden sowohl kognitiv als auch auf einer emotionalen Ebene, da Emotionen auditiv stärker vermittelt werden können. Sprache überträgt ebenfalls indirekte Bedeutungen durch Wortklänge, durch die Tonalität sowie durch die Wortwahl.

Nicht alle verwendeten Studien haben jedoch zwischen *heavy* und *light usern* unterschieden. Da diese Differenzierung gravierende Unterschiede hervorruft, vor allem in Bezug auf die Werbeakzeptanz, ist es vor allem für werbetreibende Unternehmen wichtig zu erfahren, ob die jeweiligen Ergebnisse auf regelmäßige oder nicht regelmäßige Podcast-Hörer*innen zurückgeführt werden können.

Außerdem könnten tiefgehendere empirische Studien durchgeführt werden, um die Effekte der Werbewirkung stärker mit soziodemografischen Merkmalen und Nutzungsgewohnheiten von Podcast-Hörer*innen in Verbindung zu bringen, da der deutsche Forschungsstand zu Podcast Advertising bisher sehr jung ist. Dies gibt einen Forschungsausblick auf mögliche Anschlussstudien im Bereich der Wirkungsforschung von Podcast Advertising.

Darüber hinaus ist die durchschnittliche Podcast- Hörer*innenschaft als eine junge, unter 35-jährige Hörer*innenschaft klassifiziert worden. Dies schließt jedoch Randgruppen aus, die ebenfalls Podcasts hören. Hier wäre es interessant, zwischen verschiedenen Altersgruppen zu unterscheiden und zu erforschen, ob die Nutzungsmotive sowie die Wirkungen werblicher Mitteilungen zwischen den Altersgruppen stark variieren. In der vorliegenden Arbeit ist die Hypothese herausgearbeitet worden, dass, je niedriger das Alter der Podcast-Hörer*innen ist, desto höher ist deren Akzeptanz werblichen Mitteilungen in Podcasts gegenüber. Es wäre ebenfalls interessant, diese Hypothese mit weiteren, qualitativen Studien zu überprüfen. Auch für werbetreibende Unternehmen wäre es von Vorteil, Daten darüber zu gewinnen, wie eine Zielgruppe über 35 Jahren durch werbliche Mitteilungen in Podcasts erreicht werden kann. Dies ist ebenfalls ein Aspekt, der aus der Mediennutzungsforschung weiterhin untersucht werden kann, um herauszufinden, wie die Nutzungsgruppe von Podcasts erweitert werden kann, sodass ebenfalls über 35-jährige Personen vermehrt Podcasts nutzen und mit dem auditiven Medium vertraut werden.

Des Weiteren wurde in der vorliegenden Bachelorarbeit die Hypothese aufgestellt, dass je häufiger und regelmäßiger Podcast-Hörer*innen das auditive Medium nutzen, desto eher habitualisieren sie es und weisen eine eher positive Haltung werblichen Mitteilungen gegenüber auf. Diese Hypothese könnte in Anschlussstudien ebenfalls empirisch überprüft werden.

Literaturverzeichnis

Adler, M., Nöthlich, M. & Teichmann, J. (2020). *Media Activity Guide*. Seven.One Media GmbH

Agma Presse Info (2020). *ma 2020 Audio II: Hohe Nutzung auch ohne Corona-Effekt*. Abgerufen am 05.05.2022 unter: https://www.ard-werbung.de/marktdaten/radiomarkt/ma-audio/?tab=1

Altmeppen, K.D., Greck, R., Kössler, T. (2016). Journalismus und Medien. In: Löffelholz, M., Rothenberger, L. (Hrsg.) *Handbuch Journalismustheorien*. Springer VS: Wiesbaden. 603-618. DOI: https://doi.org/10.1007/978-3-531-18966-6_37

ARD-Forschungsdienst (2019). *Werbewirkung von Native Advertising – Relevanz der Gestaltung und Platzierung*. In: Media Perspektiven

AS&S Radio (2018). *Spot on Podcast #2. Werbeformen und ihre Wirkung*. Abgerufen am 25.04.2022 unter: https://www.ard-werbung.de/spotonpodcast/

Bauer, H. H., Stokburger, G., Hammerschmidt, M. (2006). *Marketing Performance. Messen – Analysieren – Optimieren*. Verlag Dr. Th. Gabler/GWV Fachverlage GmbH: Wiesbaden

Berry, R. (2015). *A Golden Age of Podcasting? Evaluating Serial in the Context of Podcast Histories*. In: Journal of Radio & Audio Media, 22/2, 170-178, DOI: 10.1080/19376529.2015.1083363

Berry, R. (2006). *Will the iPod kill the Radio Star? Profiling Podcasting as Radio*. In: Convergence, 12/2, 143-162

BLM et al. (2020). *Präsentation Online-Audio-Monitor 2020*. Abgerufen am 08.05.2022 unter: https://www.online-audiomonitor.de/wp-content/uploads/Präsentation_OAM_2020_FINAL_V1.pdf

Brosius, H.B. (2016). *Warum Kommunikation im Internet öffentlich ist*. In: Publizistik 61. 363–372

Die medienanstalten (2021). *Leitfaden der Medienanstalten Werbekennzeichnung bei Online-Medien*. Abgerufen am 26.04.2022 unter: https://www.die-medienanstalten.de/fileadmin/user_upload/Rechtsgrundlagen/Richtlinien_Leitfaeden/ua_Leitfaden_Medienanstalten_Werbekennzeichnung_Online-Medien.pdf

Domenichini, B. (2018). *Formen und Wirkungsweise von Werbung in Podcasts*. In: Media Perspektiven 12/2018. 583-586

Ellinghaus, U. (2000). *Werbewirkung und Markterfolg: marktübergreifende Werbewirkungsanalysen*. München: Oldenbourg Verlag München Wien

Friestad, M. & Wright, P. (1994). *The Persuasion Knowledge Model: How People Cope with Persuasion Attempts*. In: Journal of Consumer Research, 21:1, 1-31

García, D. (2020). *Mapping the factors that determine engagement in podcasting: design from the users and podcasters' experience*. In: Communication & Society, 33:2. 49–63. DOI: https://doi.org/10.15581/003.33.2.49-63

Glebatis Perks, L. & Turner, J. S. (2018). *Podcasts and Productivity: A Qualitative Uses and Gratifications Study*. In: Mass Communication and Society, 22:96–11. DOI: https://doi.org/10.1080/15205436.2018.1490434

Glover, K. (2021). *CUMULUS MEDIA and Signal Hill Insights' Podcast Download - Spring 2021 Report*. In: Westwood One. Abgerufen am 13.05.2022 unter: https://www.cumulusmedia.com/2021/05/11/cumulus-media-and-signal-hill-insights-podcast-download-spring-2021-report/

Hartmann, T. (2016). Mass Communication and Para-Social Interaction: Observations on Intimacy at a Distance von Donald Horton und R. Richard Wohl (1956). 65-84. In: Potthoff, Matthias (2016). *Schlüsselwerke der Medienwirkungsforschung*. Wiesbaden: Springer Fachmedien.

Hartmann, T. (2017). *Parasoziale Interaktion und Beziehungen*. Baden-Baden: Nomos Verlagsgesellschaft mbH & Co. KG, 9–17

Haygood, D. M. (2007). *A Status Report on Podcast Advertising*. In: Journal of advertising research, 12, DOI: 10.2501/S0021849907070535

Held, D. & Scheier, C. (2006). *Wie Werbung wirkt*. München: Rudolf Haufe Verlag GmbH & Co. KG

Herrmann, J.-L., Walliser, B., Kacha, M. (2011). *Consumer consideration of sponsor brands they do not remember*. In: International Journal of Advertising, 30:2, 259-281, DOI: 10.2501/IJA-30-2-259-281

Höllig, S. & Hasebrink, U. (2021). In: Newman, N., Fletcher, R., Schulz, A., Andi, S., Robertson, C. T., Kleis Nielsen, R. (2021). *Reuters Institute Digital News Report 2021*

Hyman, D. A., Franklyn, D. J., Yee, C. E. & Rahmati, M. H. (2016). *Going Native: Can Consumers Recognize Native Advertising? Does it Matter?* In: SSRN Electronic Journal, DOI: https://doi.org/10.2139/ssrn.2816655

Inhoffen, L. (2019). *6 Schritte zum erfolgreichen Podcast. Bevölkerungsrepräsentative Studie von YouGov*. In: BrandIndex, BrandIndex (DE), Business & Finance, Unterhaltung & Berühmtheiten, Medien, Omnibus (DE), Profiles (DE), Wirtschaft. Abgerufen am 09.05.2022 unter: https://yougov.de/news/2019/09/24/sechs-schritte-zum-erfolgreichen-podcast/

Kloss, I. (2007). *Werbung. Handbuch für Studium und Praxis*. München: Vahlen

Koschate-Fischer, N., & Wolframm, C. (2021). Consideration Set. In: M. A. Wirtz (Hrsg.). *Dorsch Lexikon der Psychologie*. Bern: Hogrefe. Abgerufen am 14.05.2022 unter: https://dorsch.hogrefe.com/stichwort/consideration-set

Llinares D. (2018). Podcasting as Liminal Praxis: Aural Mediation, Sound Writing and Identity. In: Llinares D., Fox N., Berry R. (Hrsg.) *Podcasting: New Aural Cultures*. DOI: https://doi.org/10.1007/978-3-319-90056-8_7

Löser, P. & Peters, D. (2007). Podcasting – Aus der Nische in die Öffentlichkeit. *In:* Diemand, V., Mangold, M., Weibel, P. (Hrsg.). *Weblogs, Podcasting und Video-Journalismus. Neue Medien zwischen demokratischen und ökonomischen Potenzialen*. 1. Aufl. Hannover: Heise

Markman, K. M., & Sawyer, C. E. (2014). *Why Pod? Further Explorations of the Motivations for Independent Podcasting*. In: Journal of Radio & Audio Media, 21:1, 20–35. DOI: 10.1080/19376529.2014.891211

Martens, D. & Amann, R. (2007). *Podcasts: Wear-Out oder Habitualisierung? Paneluntersuchung zur Podcastnutzung*. In: Media-Perspektiven. 11:538-551

Martens, D. & Breßler, S. (2006). *Podcasts 2006 – Status Quo und Entwicklungsperspektiven. Mehrmethoden-Studie zur Untersuchung der Perspektiven und Chancen von Podcast*. Berlin: House of Research GmbH

Maru/Matchbox (2021). *CUMULUS MEDIA and Signal Hill Insights' Podcast Download - Spring 2021 Report*

McClung, S. & Johnson, K. (2010). *Examining the motives of podcast users*. In: Journal of Radio & Audio Media, 17:1, 82–95. DOI: https://doi.org/10.1080/19376521003719391

Moser, K., Eder, F. X. & Keller, M. (2020). *Grenzenlose Werbung: Zwischen Konsum und Audiovision*. Berlin, Boston: De Gruyter Oldenbourg. DOI: https://doi.org/10.1515/9783110661965

Newman, N., Fletcher, R., Schulz, A., Andi, S., Robertson, C. T., Kleis Nielsen, R. (2021). *Reuters Institute Digital News Report 2021*

Puffer, H. & Schröter, C. (2018). *Podcasts beflügeln den Audiomarkt*. In: Media Perspektiven 7-8, 366-375

Rampf, B. (2008). *Podcastnutzer. Gemeinsamkeiten und Unterschiede*. München: Verlag Reinhard Fischer

Reichow, D. & Schröter, C. (2020). *Ergebnisse der ARD/ZDF-Onlinestudie 2020. Audioangebote und ihre Nutzungsrepertoires erweitern sich*. In: Media Perspektiven 9:501-515

Rimscha, B. & Siegert, G. (2015). *Medienökonomie. Eine problemorientierte Einführung*. 23-40. Wiesbaden: VS

Schacter, D. L. (1987). *Implicit Memory: History and Current Status*. In: Journal of Experimental Psychology, 13:3, 501-518

Schenk, M. (2007). *Medienwirkungsforschung*. Tübingen: Mohr Simbeck, DOI: 10.1628/978-3-16-151656-6

Schramm, H. & Spangardt, B. (2016). Wirkung von Musik in der Werbung. *In*: Siegert, W. Wirth, Weber, P. & Lischka, J. A. (Hrsg.). *Handbuch Werbeforschung*. 433-449. Wiesbaden: Springer VS.

Seven.One Media (2021). *Podcast 2021*

Sohr, T. (2022). *Werbung in Podcasts richtig kennzeichnen – darauf müsst ihr achten*. Abgerufen am 26.04.2022 unter: https://podstars.de/blog/werbung-richtig-kennzeichnen/

Splendid Research GmbH (2018). *Trendmedium Podcast. Eine repräsentative Umfrage unter 1.022 Deutschen zum Thema Podcasts*

The Nielsen Company (2017). *Podcast Sponsorship Effectiveness. Stats & Stories for courting advertisers & audiences*

Wrather, K. (2016). Making 'Maximum Fun' for fans: Examining podcast listener participation online. In: *Radio Journal. International Studies in Broadcast & Audio Media*, 14:1, 43–63, DOI: https://doi.org/10.1386/rjao.14.1.43_1

Wunschel, A. (2007). Podcasting – Bestandsaufnahme aktueller Ansätze von Business-Modellen. In: Diemand, V., Mangold, M., Weibel, P. (Hrsg.). *Weblogs, Podcasting und Video-Journalismus. Neue Medien zwischen demokratischen und ökonomischen Potenzialen*. Hannover: Heise

Zeschke, K. I (2021). *Podcaststudie 2021*

Zeschke, K. II (2021). *RMS Podcast-Studie: Welche Spot-Formate funktionieren in Podcasts am besten? Die neue RMS Podcast-Studie gibt Antworten*. Abgerufen am 25.04.2022 unter: https://rms.de/audio-und-radiowerbung/studien/podcast_studie